Verständigung und Zusammenarbeit unter den Religionen

Eine Ansprache von
Sri Mata Amritanandamayi

Mata Amritanandamayi Center, San Ramon
Kalifornien, Vereinigte Staaten

Verständigung und Zusammenarbeit unter den Religionen

Eine Ansprache von Sri Mata Amritanandamayi
Übersetzt von Swami Amritaswarupananda Puri

Herausgegeben von:
Mata Amritanandamayi Center
P.O. Box 613
San Ramon, CA 94583
Vereinigte Staaten

———————*Understanding and Collaboration Between Religions (German)* ———————

Erstausgabe vom MA Center: September 2016

In Deutschland: www.amma.de

In der Schweiz: www.amma-schweiz.ch

In Indien:
inform@amritapuri.org
www.amritapuri.org

Sri Mata Amritanandamayi

Einführung

Am 2. Mai 2006 hielt Amma im Rubin-Kunstmuseum von Manhattan eine Rede mit dem Titel „Verständigung und Zusammenarbeit unter den Religionen". Der Vortrag war Teil einer Feier, die das Interreligiöse Zentrum von New York anlässlich der alljährlichen Verleihung des James Parks Morton Preises zum insgesamt vierten Male veranstaltete.

Das Interreligiöse Zentrum von New York (ICNY) sprach den Preis in diesem Jahr Amma zu aufgrund ihrer außergewöhnlichen Bemühungen, „Respekt und Verständnis zwischen den Religionen" zu fördern, welches das primäre Anliegen des ICNY ist. „Ihr Leben ist der Akzeptanz gewidmet", sagte Donald Rubin, der Gründer des nach ihm benannten Museums, als er Amma unmittelbar vor der Entgegennnahme des Preises dem Publikum vorstellte. „Indem sie sich durch den physischen Akt des Umarmens allen Menschen zuwendet und sie annimmt, transzendiert sie alle Religionen und politischen Grenzen. Die Empfänglichkeit und Liebe, die diese Umarmung mit sich bringt, ist die Heilkraft, die jeder von uns braucht. Unsere Mütter schenkten sie uns, als wir Kinder waren. Jene Heilkraft ist es, die Amma der Welt zukommen lässt."

Das ICNY war vor allem von der enormen Hilfeleistung beeindruckt, die Ammas Ashram nach der Tsunami-Katastrophe 2004 in die Wege leitete. Vor dem Hintergrund der dort gemachten Erfahrungen war man interessiert, Ammas Ansichten zur interreligiösen Verständigung zu hören.

„Im Angesicht von Naturkatastrophen öffnen sich die Herzen der Menschen und lassen jeglichen Gedanken an Kaste, Religion und Politik hinter sich", sagte Amma in ihrer Rede. „Doch die vorurteilslose Einstellung und das Mitgefühl, das die Menschen bei solchen Situationen an den Tag legen, kommen und vergehen ebenso schnell wie der zuckende Blitz während eines Gewitters. Wenn wir es hingegen schaffen, die Flamme des Mitgefühls innerlich weiterlodern zu lassen, vermag sie die Finsternis, die uns umgibt, zu zerstreuen."

Obwohl Amma den Vortrag in ihrer Muttersprache Malayalam hielt, waren alle Anwesenden in der Lage, sie aufgrund der englischen Simultanübersetzung mitzuverfolgen. Bei ihren Worten handelte es sich nicht um die theoretischen Darlegungen eines Gelehrten – sie waren durchtränkt von erleuchteter Schau und persönlicher Erfahrung, und hatten damit ein ganz anderes Gewicht, was bei allen, die dort versammelt waren, auch sichtbare Spuren hinterließ.

Obwohl Amma die Notwendigkeit von Religion durchaus anerkennt, so betont sie gleichwohl immer wieder, wie wichtig es für den praktizierenden religiösen Adepten sei, zur eigentlichen Essenz dessen vorzudringen, was den Kern aller Glaubensformen ausmacht. „Ebenso wie man den Saft aus dem Zuckerrohr saugt und die Fasern ausspuckt, so sollten auch die religiösen Führer ihre Anhänger dazu ermutigen, das innere Wesen aller Religion – Spiritualität nämlich – in sich aufzunehmen und den äußeren Aspekten keine übermäßige Wichtigkeit beizumessen. „Unglücklicherweise essen heutzutage viele die Fasern, während sie die Essenz ausspucken", bemerkte sie.

Amma beklagte auch die Tatsache, dass die Heiligen und Weisen zwar allen Nachdruck auf die Wichtigkeit spiritueller Werte legten, ihre Nachfolger jedoch oftmals im Sumpf des Institutionalismus versinken. Sie sagte: „Es zeigt sich, dass dieselben Religionen, die dazu ausersehen waren, Frieden und Stille zu verbreiten, indem sie die Menschen in die Blumengirlande der Liebe einfädeln, zur Ursache von Kriegen und Konflikten geworden sind. Aufgrund unserer Unwissenheit und begrenzten Perspektive sperren wir die großen Seelen in den winzigen Käfig der Religion. In ihrem Namen haben wir uns selbst im Gefängnis des Ich (ahamkara) eingeschlossen und fahren damit fort, unsere Egos aufzublähen und gegeneinander zu kämpfen. Wenn das so weitergeht, bleiben Verständigung und Zusammenarbeit ewig eine Fata Morgana."

Zum Abschluss sagte Amma, dass die Lösung beinahe aller Probleme, mit denen die Welt heutzutage konfrontiert ist, in dem einen Wort „Mitgefühl" zum Ausdruck gebracht werden kann. Nachdrücklich betonte sie, wie wichtig es für die Angehörigen aller Religionen sei, den Armen und Bedürftigen zu dienen. „Den Armen und Bedürftigen zu helfen ist wahres Gebet", sagte sie. „Ohne Mitgefühl werden alle unsere Bemühungen vergeblich sein."

Als sie ihre Rede beendet hatte, erhob sich langanhaltender Beifall in der Halle des Rubin-Kunstmuseums, und wenig später kamen die Teilnehmer der Veranstaltung einzeln nach vorne, um Ammas liebende Umarmung zu empfangen, einschließlich vieler, die an diesem Tag zusammen mit Amma geehrt worden waren.

Swami Amritaswarupananda Puri
Stellvertretender Vorsitzender
Mata Amritanandamayi Math

Fünf andere Personen wurden zusammen mit Amma geehrt: der Friedensnobelpreisträger des Jahres 2005, Dr. Mohammed Elbaradei, Generaldirektor der internationalen Atomenergiebehörde;
Richter Stephen G. Beyer, Angehöriger des Obersten Gerichtshofes der USA;
Schauspieler Richard Gere, Ausschussvorsitzender der internationalen Kampagne für Tibet;
sowie das Paar Imam Feisal Abdul Rauf, Imam von Masjid Al-Farah, und Daisy Khan, geschäftsführende Leiterin der Amerikanischen Gesellschaft zur Förderung der Muslime.
Zu den Personen, welchen das ICNY den Preis in früheren Jahren verliehen hatte, gehören drei Friedensnobelpreisgewinner: Seine Heiligkeit, der Dalai Lama, Erzbischof Desmond Tutu und Shirin Ebadi, ebenso der frühere amerikanische Präsident Bill Clinton.

Verständigung und Zusammenarbeit unter den Religionen

Preisrede von Sri Mata Amritanandamayi
im Interreligiösen Zentrum
des Rubin-Kunstmuseums, New York
2. Mai 2006

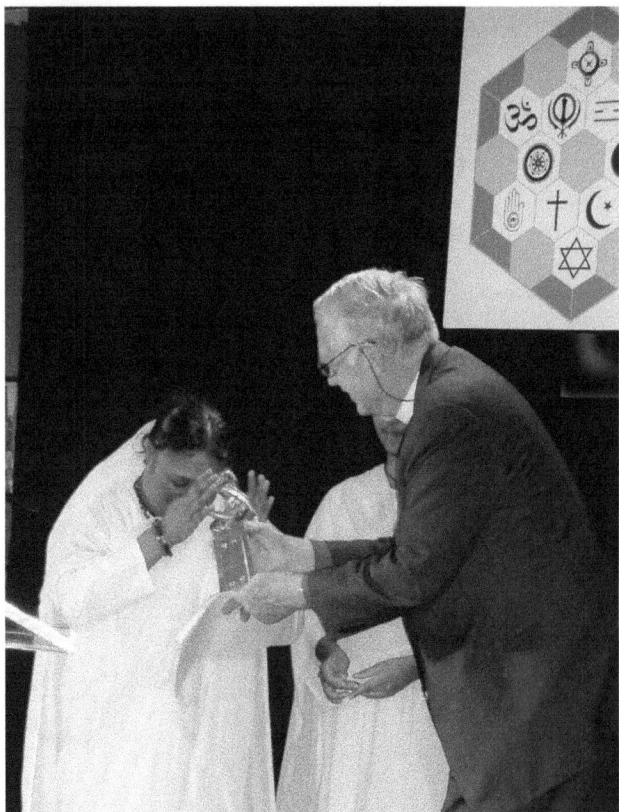

Ich verneige mich vor allen Anwesenden, die Verkörperungen Reiner Liebe und Höchster Bewusstheit sind.

Zu Beginn möchte ich dem Interreligiösen Zentrum von New York meine besten Glückwünsche aussprechen. Möge diese Organisation unter der vortrefflichen Leitung des Hochverehrten James Parks Morton in der Lage sein, die Lampe der Liebe und des Friedens in Abertausenden von Herzen zu entzünden. Das Interreligiöse Zentrum verdient besonderes Lob für seine engagierten Aktivitäten im Gefolge der Tragödie des 11. September 2001, die tausende von Menschenleben forderte, einschließlich unschuldiger Kinder. Lassen sie mich bei dieser Gelegenheit auch meine tief empfundene Freude darüber ausdrücken, dass diese Konferenz stattfinden konnte und über das Vertrauen, das Sie mir entgegenbringen.

Tatsächlich ist es nur die Selbstlosigkeit und Selbstaufopferung von Millionen von Devotees überall in der Welt, die es Amma ermöglichen, der Gesellschaft einen bescheidenen Dienst zu erweisen. In Wirklichkeit gebührt ihnen dieser Preis. Ich bin lediglich ein Instrument.

Das Thema der heutigen Ansprache, *Verständigung und Zusammenarbeit unter den Religionen*, ist bereits auf tausenden von Foren überall in der Welt erörtert worden. Zwar haben solche Diskussionen, ebenso wie die Arbeit von Organisationen wie dieser, die Religionen einander bis zu einem gewissen Grade näher gebracht; doch nach wie vor befallen uns Furcht und Sorge, wenn wir an die Zukunft der Welt denken.

Um diese Situation zu ändern, bedarf es eines besseren gegenseitigen Verständnisses und intensiverer Zusammenarbeit zwischen den Religionen. Sowohl religiöse Führer als auch Staatsoberhäupter betonen bei öffentlichen Anlässen wie diesen die Notwendigkeit einer solchen Annäherung. Doch oft genug erweisen wir uns als unfähig, bei unserem Handeln genausoviel Entschlossenheit an den Tag zu legen wie in unseren Worten. Gewiss tauschen wir bei besagten Zusammenkünften viele Gedanken aus; wenn wir aber versuchen, sie in die Tat umzusetzen, versagen wir, sobald wir unter Druck geraten. Eine Begegnung ohne Offenheit ist ebenso wie ein Fallschirm, der sich nicht öffnet.

Jede Religion besitzt zwei Aspekte: Der eine ist die theologischen Lehre, die in den jeweiligen heiligen Schriften dargelegt wird; der andere ist Spiritualität. Ersteres betrifft die äußere Schale der Religion, letzteres die innere Kernsubstanz. Spiritualität ist das Erwachen zur eigenen wahren Natur. Diejenigen, die sich bemühen, ihr eigenes wahres Selbst zu kennen, sind die wahren Gläubigen. Welcher Religion man auch immer angehören mag, wenn man die spirituellen Grundprinzipien versteht, kann man das letztendliche Ziel – die Verwirklichung des eigenen Wesenskerns – erreichen. Wenn die Flasche Honig enthält, spielt die Farbe der Flasche keine Rolle. Wenn wir umgekehrt jedoch versäumen, die geistigen Prinzipien in uns aufzunehmen, ist Religion nichts als blinder Glaube, der uns Fesseln anlegt.

Der Sinn von Religion besteht darin, unser Gemüt umzuwandeln. Damit dies geschehen kann, muss man Spiritualität, deren innere Essenz, in sich aufnehmen. Es ist die Einheit der Herzen, welche die Einheit der Religionen mit sich bringen wird. Wenn unsere Herzen dabei scheitern, eins zu werden, werden wir auseinanderdriften, statt als Gemeinschaft zueinander zu finden, und unsere Bemühungen bleiben Stückwerk.

Religion weist den Weg wie ein Verkehrszeichen. Das Ziel ist geistige Erfahrung.

Ein Mensch deutet zum Beispiel auf einen Baum und sagt: „Schaut dort, der Baum! Seht ihr die Frucht, die an jenem Ast hängt? Wenn ihr davon esst, werdet ihr unsterblich!" Nun ist es an uns, den Baum zu erklettern, die Frucht zu pflücken und von ihr zu kosten. Wenn wir stattdessen einfach nur auf den Finger der betreffenden Person blicken, werden wir niemals in der Lage sein, die Frucht zu genießen. Genauso ist es, wenn man sich an die Worte der Schriften klammert, anstatt sich die spirituellen Prinzipien zueigen zu machen, auf welche sie hinweisen.

Ebenso wie man aus dem Zuckerrohr den Saft saugt und die Fasern wegwirft, sollten die religiösen Führungspersönlichkeiten ihre Anhänger dazu ermutigen, die Essenz von Religion – d.h. Spiritualität – in sich aufzunehmen und den äußerlichen Aspekten keine übermäßige Wichtigkeit beizumessen.

Unglücklicherweise verspeisen heutzutage viele Menschen die Fasern und spucken die Fruchtessenz aus. Die Kraft der Religion liegt im Geistigen. Sie ist der Zement, welcher dem Gebäude der menschlichen Gesellschaft Festigkeit verleiht. Religion zu praktizieren, ohne das Spirituelle in sein Leben zu integrieren, gleicht dem Bau eines Turmes, bei welchem man unter Verzicht auf jeglichen Zement einfach Steine aufeinander schichtet. Er wird sehr leicht einstürzen. Religiöser Glaube ohne Spiritualität wird zu einer leblosen Angelegenheit, einem Körperteil vergleichbar, der vom Blutkreislauf abgeschnitten ist.

Atomare Energie kann entweder auf produktive oder zerstörerische Weise genutzt werden. Wir können sie verwenden, um Elektrizität zu erzeugen. Wir können aber auch eine Atombombe bauen, die alles vernichtet. Die Wahl liegt bei uns. Den spirituellen Aspekt von Religion zu verinnerlichen gleicht der Gewinnung von Strom durch Atomkraft, während Religion, die der geistigen Perspektive ermangelt, schwerwiegende Gefahren mit sich bringt.

Selbst in früheren Zeiten gab es in verschiedenen Kulturen das Kastensystem und andere religiös begründete Hierarchien. Damals waren solche Rangunterschiede für alle sichtbar und traten offen zutage. Heute dagegen sprechen wir so, als seien wir uns der Wichtigkeit religiöser Eintracht und Gleichheit völlig bewusst – in unserem Inneren jedoch toben nach wie vor Hass und Rachsucht. Früher existierten die Probleme vorwiegend auf der grobstofflichen Ebene, während sie nun einen subtileren Charakter angenommen haben und genau aus diesem Grunde viel machtvoller und universeller sind.

Amma erinnert sich an eine Geschichte. In einer Stadt gab es einmal einen berüchtigten Kriminellen. Täglich ging er gegen sieben Uhr abends aus dem Haus und lauerte an einer bestimmten Straßenecke Frauen und jungen Mädchen auf, die er dann belästigte und beleidigte. Aus lauter Furcht ging nach Sonnenuntergang keine Frau mehr an dieser Straßenecke vorbei; alle blieben sie daheim hinter den verschlossenen Türen ihrer Wohnungen. So vergingen mehrere Jahre, bis der Kriminelle eines Tages plötzlich starb.

Doch selbst nach dem Tode dieses Mannes blieben die Frauen abends nach Sonnenuntergang weiterhin zu Hause. Verwundert erkundigten sich einige Leute, warum sich nun niemand mehr draußen aufhielt. Die Frauen antworteten: „Als er noch lebte, konnten wir ihn mit unseren Augen sehen. Jetzt aber werden wir von seinem Geist heimgesucht. Überall und jederzeit kann er uns überfallen. Da er jetzt auf feinstofflicher Ebene existiert, ist er viel mächtiger und allgegenwärtig." Ähnlich verhält es sich mit den heutigen gesellschaftlich-religiösen Gegensätzen.

Tatsächlich handelt es sich bei Religion um eine von Menschen geschaffene Begrenzung. Bei unserer Geburt waren wir durch keinerlei religiöse oder sprachliche Barrieren eingeschränkt. Man hat sie uns erst „gelehrt", uns von ihnen abhängig gemacht. Ebenso wie eine junge Pflanze eine Umzäunung braucht, so ist auch diese Form der Konditionierung bis zu einem gewissen Grade notwendig. Wenn der Setzling einmal zu einem Baum herangewachsen ist, überschreitet er die Grenzen der Umzäunung. In ähnlicher Weise müssen auch wir fähig sein, unsere religiösen Bedingtheiten hinter uns zu lassen und zum Unbedingten vorzustoßen.

Drei Dinge sind es, die den Menschen als Menschen auszeichnen:

1. das Verlangen, den Sinn und die Tiefgründigkeit des Lebens durch urteilsfähiges Denken zu erkennen

2. die wunderbare Fähigkeit, Liebe zu spenden

3. die Kraft, sich zu freuen und anderen Freude zu spenden

Religion sollte den Menschen dazu verhelfen, jedes dieser drei Ziele zu verwirklichen. Nur dann verdienen es sowohl die Menschen als auch die Religion, als vollkommen bezeichnet zu werden.

Während die großen Seelen (*mahatmas*) geistigen Werten Priorität einräumen, messen ihre Nachfolger oftmals den Organisationen und Institutionen größere Wichtigkeit bei. Das Ergebnis davon ist, dass dieselben Religionen, die eigentlich dazu ausersehen waren, Frieden und Geruhsamkeit zu verbreiten, indem sie die Menschen mit dem Band der Liebe vereinigen, zur Ursache von Kriegen und Konflikten geworden sind.

Aufgrund unserer Unwissenheit und begrenzten Perspektive sperren wir die *mahatmas* in den winzigen Käfig der Religion. In ihrem Namen haben wir uns selbst in das Gefängnis unseres Ich (*ahamkara*) eingeschlossen; wir fahren damit fort, unser Ego aufzublähen und miteinander zu kämpfen. Wenn das so weitergeht, werden Verständigung und Zusammenarbeit für immer eine Fata Morgana bleiben.

Zwei Männer versuchten einmal mit einem Tandem einen steilen Hügel hinaufzufahren. Obwohl sie sich nach Kräften abmühten, kamen sie nur ein kurzes Stück vorwärts. Müde und ausgelaugt stiegen sie schließlich irgendwann vom Rad, um sich auszuruhen. Außer Atem und in Schweiß gebadet sagte der Mann, der vorne saß: „Was für ein Hügel! Wie sehr wir auch in die Pedale treten, wir kommen einfach nicht voran. Ich bin ganz erschlagen und mein Rücken schmerzt wie verrückt."

Der Mann, der hinten saß, antwortete: „He, mein Freund, du meinst, d u wärest müde! Wenn ich nicht die ganze Zeit auf die Bremse getreten hätte, wären wir sogar den ganzen Weg rückwärts wieder hinuntergerollt!"

Ob nun bewusst oder unbewusst – genau dies ist es, was wir heute im Namen von Verständigungsbereitschaft und Zusammenarbeit tun. Aufgrund eines tief verwurzelten Misstrauens, das wir anderen gegenüber hegen, kommt es nicht zur Öffnung der Herzen.

In Wirklichkeit machen die Prinzipien der Liebe, des Mitgefühls und der Eintracht das Herzstück der Religion aus.

Das Christentum sagt: „Liebe deinen Nächsten wie dich selbst." Der Hinduismus sagt: „Lasst und dafür beten, dass andere das besitzen mögen, was wir selbst uns wünschen."

Im Islam heißt es: „Wenn der Esel deines Nachbarn krank wird, musst du dich um ihn kümmern." Das Judentum sagt: „Den Nachbarn zu hassen ist dasselbe wie sich selbst zu hassen.

"Obwohl die Ausdrucksweise jeweils verschieden ist, sind die dahinter liegenden Prinzipien doch identisch. Der Sinn all dieser Aussagen ist folgender: Es ist ein und dieselbe Seele, die allem innewohnt. Wir müssen Alle als e i n Wesen betrachten und ihnen in diesem Geiste dienen. Es ist der verdrehte Verstand der Menschen, der sie diese Prinzipien auf eine eingeschränkte Weise interpretieren lässt.

Amma erinnert sich an eine Geschichte: Ein berühmter Künstler malte einst ein Bild, das eine bezaubernde junge Frau darstellte. Wer auch immer dieses Gemälde sah, verliebte sich in sie. Einige Leute fragten den Maler, ob diese Frau seine Geliebte sei. Als er dies verneinte, bestand jeder von ihnen unnachgiebig darauf, sie zu heiraten und wollte niemand anderem erlauben, ihm zuvorzukommen.

Sie bedrängten in ihn: „Wir wollen wissen, wo wir diese schöne Frau finden können."

Der Maler antwortete ihnen: „Ich bedaure, aber ich habe diese Frau in der Realität niemals gesehen. Sie besitzt weder Nationalität und Religion, noch spricht sie eine bestimmte Sprache. Was ihr da seht, ist auch nicht die Schönheit eines bestimmten Individuums. Ich habe einfach derjenigen Schönheit, die ich in meinem Innern erschaue, zwei Augen, eine Nase und eine Gestalt gegeben."

Doch keiner schenkte den Worten des Malers Glauben. Ärgerlich griffen sie ihn an und sagten: „Du belügst uns. Du willst sie einfach nur für dich behalten!"

Ruhig erwiderte der Maler: „Nein, bitte fasst dieses Gemälde nicht auf eine oberflächliche Weise auf. Selbst wenn ihr die ganze Welt nach ihr absucht, werdet ihr sie nicht finden – ist sie doch die Quintessenz aller Schönheit."

Dessen ungeachtet ignorierten die Leute die Worte des Malers und vernarrten sich regelrecht in die Farbe und das Gemälde. In ihrem intensiven Verlangen, die junge Frau zu besitzen, fingen sie an, miteinander zu streiten und zu kämpfen, und kamen schließlich sogar dabei um.

Auch uns geht es so. Heutzutage suchen wir nach dem Gott, der lediglich in Bildern und heiligen Schriften wohnt. Unseren eigentlichen Weg haben wir bei dieser Suche ganz verloren.

Die heiligen Schriften sagen, dass jeder von uns die Welt durch eine getönte Brille wahrnimmt. Wir sehen in der Welt genau das, was wir in sie hineinprojizieren. Wenn wir mit dem

Auge des Hasses und der Rachsucht in sie hineinblicken, wird sie uns genau auf diese Weise erscheinen. Mit den Augen der Liebe und des Mitgefühls hingegen sehen wir überall nichts als Gottes Schönheit.

Amma hat von einem Experiment gehört, welches durchgeführt wurde, um herauszufinden, ob die Welt wirklich so ist, wie wir sie wahrnehmen. Die Forscher gaben einem jungen Mann eine Brille, die seine visuelle Wahrnehmung verzerrte. Dann wiesen sie ihn an, sie sieben Tage ohne Unterbrechung zu tragen. In den ersten drei Tagen war er sehr ruhelos und seine Wahrnehmung aller Dinge um ihn herum war äußerst irritierend. Danach jedoch gewöhnten sich seine Augen vollständig an die Brille: Das quälende und unangenehme Gefühl verschwand gänzlich. Was ihm zunächst absonderlich und verzerrt vorkam, wurde später normal für ihn.

Ebenso trägt jeder von uns verschiedene Arten von Brillen. Durch sie hindurch betrachten wir die Welt, sowie auch die Religion – und reagieren dementsprechend. Diese Tatsache ist dafür verantwortlich, dass wir manchmal sogar unfähig sind, Menschen als Menschen zu anzuerkennen.

Vor vielen Jahren erzählte ein religiöser Führer Amma von einem Erlebnis, das ihm widerfahren war. Er besuchte ein Krankenhaus in Hyderabad (Indien), um dort einer Veranstaltung beizuwohnen. Als er aus dem Auto stieg und zum Krankenhaus ging, bemerkte er, dass viele Frauen zu beiden Seiten seines Weges je eine Reihe bildeten, um ihn auf traditionelle Weise zu empfangen: Sie hielten Öllampen und Reiskörner in der Hand. Als er zwischen ihnen hindurchging, tauchten sie den Reis in Öl und warfen ihn in sein Gesicht. Er sagte zu Amma: „Das hatte nichts von einem warmherzigen Willkommensgruß an sich. Diese Art von Empfang brachte vielmehr Zorn und Feindseligkeit zum Ausdruck. Ich deutete ihnen an, sie sollten damit aufhören und bedeckte mein Gesicht mit den Händen, aber sie machten trotzdem weiter."

Später erkundigte er sich danach, ob die Frauen, die Spalier gestanden hatten, um ihn zu empfangen, gottgläubige Menschen seien. Der Besitzer des Krankenhauses bestätigte ihm, dass es sich bei diesen Personen tatsächlich um religiöse Leute handelte und dass sie zu seinem Personal gehörten. Doch der Besucher entgegnete:

„Das glaube ich nicht, denn ich konnte Wut und Feindseligkeit in ihrem Verhalten feststellen.

Da er einen bestimmten Verdacht hatte, ging der Besitzer der Sache nach. Was er herausfand, war Folgendes: Die Frauen, die den religiösen Repräsentanten empfangen hatten, waren alle in einem Raum versammelt und lachten. Mit verächtlicher Stimme brüstete sich eine von ihnen: „Diesem Teufel habe ich es vielleicht gegeben!"

Tatsächlich gehörte das Personal des Krankenhauses einer anderen Religion an. Weil ihr Vorgesetzter es von ihnen verlangt hatte, hatten sie keine andere Wahl gehabt, als den Gast zu empfangen. Doch sie hatten nicht die geringste Ahnung von wahrer Religion und spiritueller Kultur. Ihre Geisteshaltung war solcherart, dass sie Leute anderen Glaubens nicht einmal als Menschen sondern als Teufel betrachteten.

Es gibt zwei Arten von Ego: Das eine hängt an Geld und an Macht; der zweite Typus jedoch ist weitaus zerstörerischer. Ein solches Ego empfindet so: „Meine Religion und meine Sichtweise ist die einzig richtige. Alle anderen sind falsch und überflüssig. Etwas anderes werde ich nicht gelten lassen." Das ist, als ob man sagte: „Meine Mutter ist gut – deine ist eine Prostituierte!"

Diese Denkweise und das aus ihr hervorgehende Verhalten sind die Ursache aller religiösen Spannungen. Wenn wir diese beiden Arten von Ego nicht ausmerzen, wird es schwierig sein, Frieden in der Welt herzustellen.

Der gute Wille, anderen zuzuhören, die Fähigkeit, sie zu verstehen, die Großzügigkeit, auch diejenigen zu akzeptieren, die nicht mit uns übereinstimmen – all dies sind die Zeichen wahrer spiritueller Kultur. Leider sind es genau diese Eigenschaften, welche in der heutigen Welt fehlen.

Und doch – wenn Naturkatastrophen geschehen, öffnen sich die Herzen der Menschen, und Gedanken an Kaste, Religion und Politik treten in den Hintergrund. Als der Tsunami Südasien heimsuchte, verschwanden die religiösen und nationalen Barrieren. Alle Herzen empfanden Schmerz und Mitgefühl für die Opfer; alle Augen weinten mit ihnen. Ein jeder streckte seine Hand aus, um ihre Tränen zu trocknen und den Menschen zu helfen.

Bei zahllosen Gelegenheiten empfanden mein Herz und meine Seele Zufriedenheit, wenn ich Atheisten und Menschen, welche verschiedenen politischen Parteien und Religionen angehörten, dabei zusah, wie sie beim Wiederaufbau Tag und Nacht Seite an Seite mit den Bewohnern unseres *ashram* zusammenarbeiteten, erfüllt vom Geist der Selbstaufopferung. Doch die große Toleranz und das Mitgefühl, welche die Menschen angesichts solcher Situationen zum Ausdruck bringen, entstehen und verschwinden ebenso rasch wie der Blitz bei einem Gewitter. Wenn es uns hingegen gelingt, jene Flamme des Mitgefühls in unserm Innern weiterlodern zu lassen, vermag sie die Finsternis, die uns umgibt, zu vertreiben.

Auf diese Weise kann das Rinnsal unseres inneren Mitgefühls zu einem reißenden Strom anwachsen. Lasst uns den Funken der Liebe in einen strahlenden Glanz verwandeln, der so hell leuchtet wie die Sonne. Dies wird den Himmel auf die Erde herabbringen. Die Fähigkeit, dies zu tun, wohnt jedem von uns inne; es ist unser Geburtsrecht und unser eigentliches Wesen.

Unbekümmert um seine Farbe steigt der mit Helium gefüllte Ballon zum Himmel empor. Ebenso können auch die Menschen der verschiedenen Religionen zu riesigen Höhen emporsteigen, wenn sie ihr Herz mit Liebe füllen.

Amma erinnert sich an eine Geschichte: Einstmals kamen alle Farben der Welt zusammen.

Jede von ihnen behauptete: „Ich bin die wichtigste und beliebteste Farbe." Die Unterhaltung zwischen ihnen artete in einen Streit aus.

Grün erklärte voller Stolz: „In Wirklichkeit bin ich die wichtigste Farbe, bin ich es doch, die das Zeichen des Lebens ist. Die Bäume, die Sträucher – die ganze Natur ist von meiner Farbe erfüllt. Muss ich noch mehr sagen?"

Blau fuhr dazwischen: „Hör doch auf mit deinem Geschwätz! Du sprichst nur von der Erde. Siehst du nicht den Himmel und den Ozean? Sie alle sind von blauer Farbe, auch das Wasser, die Grundlage allen Lebens. Heil mir, der Farbe der Unendlichkeit und Liebe!"

Als Rot dies hörte, rief es aus: „Genug ist genug! Jetzt halte aber jeder den Mund! Ich bin der Herrscher von euch allen – ich bin das Blut, ich bin die Farbe der Kühnheit und Tapferkeit. Ohne mich gibt es kein Leben."

Inmitten dieses Geschreis erklärte Weiß sanftmütig: „Ihr habt nun alle eure Ansichten vorgetragen. Nun, ich habe dazu nur eines zu sagen: Vergesst nicht die Tatsache, dass ich die Essenz aller Farben bin."

Nichtsdestotrotz kamen nun noch mehrere Farben nach vorn und eine jede stellte die eigene

Größe und Überlegenheit gegenüber den anderen heraus. Nach und nach entwickelte sich der bloße Austausch von Worten zu einer verbalen Schlacht. Die Farben standen sogar kurz davor, einander zu vernichten.

Plötzlich verdüsterte sich der Himmel, es blitzte und donnerte und ein heftiger Wolkenbruch ging auf die side. Der Regen wurde immer stärker. Bäume wurden entwurzelt und die gesamte Natur befand sich in Aufruhr.

Zitternd vor Furcht riefen die Farben in all ihrer Hilflosigkeit aus: „Rette uns!" In diesem Augenblick ertönte eine Stimme vom Himmel: „Ihr Farben, wo sind euer Ego und euer falscher Stolz geblieben? Ihr, die ihr eben noch in törichter Weise um die Vorherrschaft gekämpft habt, zittert nun vor Angst und seid nicht einmal in der Lage, euer eigenes Leben zu schützen. Alles was ihr meint zu sein und zu haben, kann augenblicklich zugrunde gehen. Eine Sache müsst ihr verstehen: Ihr seid zwar verschieden, doch existiert eine jede von euch jenseits aller Vergleichbarkeit. Gott hat jede von euch zu einem anderen Zweck geschaffen. Um euch zu retten, müsst ihr einträchtig, Hand in Hand, beieinander stehen. Wenn ihr in Einigkeit zusammenhaltet, könnt ihr euch emporschwingen und euch über den ganzen Himmel ausbreiten. Zum siebenfarbigen Regenbogen könnt ihr werden, in Harmonie Seite an Seite stehend – als Symbol für Frieden und Schönheit, als Zeichen der Hoffnung auf ein Morgen. Von dieser Höhe aus verschwinden alle Unterschiede, und ihr erkennt alles als eins. Eure Einigkeit und Harmonie kann allen zur Inspiration dienen."

Mögen wir uns, wann immer wir einen Regenbogen erblicken, dazu inspiriert fühlen, als ein Team zusammenarbeiten, voller Verständnis und gegenseitiger Wertschätzung.

Religionen sind die Blumen, welche zur Verehrung Gottes ausersehen sind. Wie wunderbar wäre es, wenn sie zusammen einen Strauß bildeten! Sie würden dann den Duft des Friedens überall in der Welt verbreiten.

Die Vertreter der Religionen sollten hervorkommen, um die Friedenshymne universeller Einheit und Liebe zu singen. Sie sollten der Welt als Spiegel dienen. Ein Spiegel wird nicht um seiner selbst willen gereinigt, sondern nur damit diejenigen, die in ihn hineinschauen, ihr eigenes Gesicht besser reinigen können.

Die Botschafter der Religionen müssen zu Vorbildern werden. Ihr Beispiel bestimmt die Reinheit der Gedanken und Handlungen ihrer Anhänger. Nur wenn Menschen mit nobler Gesinnung religiöse Ideale praktizieren, werden ihre Anhänger denselben Geist in sich aufnehmen und sich inspiriert fühlen, entsprechend zu handeln.

In gewisser Weise sollte jeder Mensch zu einem Vorbild werden, denn dem einen oder anderen werden wir immer als Beispiel dienen. Es ist unsere Pflicht, an diejenigen zu denken, die zu uns aufschauen. In einer Welt voller Vorbilder wird es weder Kriege noch Waffen geben. Sie werden nicht mehr sein als ein böser Traum, den wir vor langer Zeit einmal träumten. Waffen und Munition werden bloß noch Artefakte sein, die man irgendwo in Museen ausstellt – Symbole unserer Vergangenheit, als die Menschen von dem Pfad, der sie zu ihrem Ziel führt, abgeirrt waren.

Unser Fehler besteht darin, dass wir von den oberflächlichen Aspekten der Religion irregeführt wurden. Lasst uns diesen Fehler korrigieren. Lasst und gemeinsam das Herzstück der Religion verwirklichen: universelle Liebe, Reinheit des

Herzens, Erkenntnis des allgegenwärtigen Einen. Wir leben in einem Zeitalter, wo die ganze Welt immer mehr zu einem globalen Dorf wird. Was wir brauchen, ist nicht nur bloße Toleranz, sondern ein tiefgreifendes gegenseitiges Verständnis. Missverstehen und Misstrauen sollten wir hinter uns lassen. Lasst uns dem dunklen Zeitalter der Rivalität Lebewohl sagen und den Markstein für den Beginn einer neuen Ära kreativer interreligiöser Zusammenarbeit setzen. Wir sind gerade ins dritte Jahrtausend eingetreten. Möge die zukünftige Generation es als das Jahrtausend religiöser Freundschaft und Kooperation bezeichnen.

Amma möchte gerne ein paar Anregungen geben, über die jedermann nachdenken kann:

1. Die Lösung für fast alle Probleme, mit denen die Welt konfrontiert ist, lässt sich in einem Wort zusammenfassen „Mitgefühl". Die Essenz aller Religionen besteht darin, sich andern gegenüber barmherzig zu verhalten. Deren Repräsentanten sollten die Wichtigkeit von Mitgefühl durch das Beispiel ihres eigenen Lebens verdeutlichen. An nichts herrscht heutzutage größere Knappheit als an Vorbildern. Aus diesem Grunde sollten die religiösen Führungspersönlichkeiten

weiter in den Vordergrund treten, um dieses Vakuum zu füllen.

2. Aufgrund unserer Ausbeutung der Natur und einem allgemeinen Mangel an Wachsamkeit zerstört unsere Umweltverschmutzung die Erde. Auch hier sollten religiöse Verantwortungsträger einen Feldzug starten, um ein Bewusstsein für die Wichtigkeit des Umweltschutzes zu schaffen.

3. Wir sind vielleicht nicht fähig, Naturkatastrophen zu verhindern. Da menschliche Wesen keine Kontrolle über ihr Ego haben, ist es vielleicht auch nicht möglich, Kriege und andere Konflikte gänzlich zu vermeiden. Doch wenn wir den festen Entschluss fassen, können wir ohne Zweifel Hunger und Armut zum Verschwinden bringen. Alle Vertreter der Religionen sollten ihr Bestes versuchen, um dieses Ziel zu erreichen.

4. Um die interreligiöse Verständigung zu fördern, sollte jede einzelne Religion damit beginnen, Zentren einzurichten, in welchen die Lehren anderer Glaubensformen gründlich studiert werden. Dies sollte in einem Geist der Aufgeschlossenheit geschehen – unter Verzicht auf jegliche versteckte tendenziöse Motive.

5. Ebenso wie die Sonne kein Kerzenlicht benötigt, braucht auch Gott nichts von uns.

Den Armen und Bedürftigen zu helfen ist wahres Beten. Ohne Mitgefühl werden alle unsere Bemühungen vergeblich sein – als ob man Milch in ein schmutziges Gefäß gießen würde. Alle Religionen sollten die Wichtigkeit barmherzigen Dienstes an den Armen und Leidenden besonders hervorheben.

Lasst uns beten und zusammenarbeiten, um eine freudvolle Zukunft zu schaffen, die frei ist von Konflikten und wo Religionen im Geist des Glücklichseins, der Liebe und des Friedens kooperieren.

Möge der Baum unseres Lebens
fest im Erdreich der Liebe verwurzelt sein;
lasst gute Taten die Blätter
dieses Baumes sein;
Worte der Freundlichkeit
mögen seine Blüten bilden
und Frieden seine Frucht;
lasst und wachsen und
uns entfalten als eine Familie,
die in Liebe geeint ist –
damit wir uns unserer Einheit
erfreuen und feiern können in einer Welt,
die von Frieden und Zufriedenheit erfüllt ist.

www.ingramcontent.com/pod-product-compliance
Lightning Source LLC
Chambersburg PA
CBHW070047070426
42449CB00012BA/3183